BEI GRIN MACHT SICH I
WISSEN BEZAHLT

- Wir veröffentlichen Ihre Hausarbeit,
  Bachelor- und Masterarbeit

- Ihr eigenes eBook und Buch -
  weltweit in allen wichtigen Shops

- Verdienen Sie an jedem Verkauf

Jetzt bei www.GRIN.com hochladen
und kostenlos publizieren

Lukas Elter

Innovation Communities

Forschungsstand und Forschungstrends

GRIN Verlag

Bibliografische Information der Deutschen Nationalbibliothek:

Die Deutsche Bibliothek verzeichnet diese Publikation in der Deutschen National-
bibliografie; detaillierte bibliografische Daten sind im Internet über http://dnb.d-
nb.de/ abrufbar.

Impressum:

Copyright © 2011 GRIN Verlag GmbH
Druck und Bindung: Books on Demand GmbH, Norderstedt Germany
ISBN: 978-3-640-88797-2

Dieses Buch bei GRIN:

http://www.grin.com/de/e-book/170126/innovation-communities

GRIN - Your knowledge has value

Der GRIN Verlag publiziert seit 1998 wissenschaftliche Arbeiten von Studenten, Hochschullehrern und anderen Akademikern als eBook und gedrucktes Buch. Die Verlagswebsite www.grin.com ist die ideale Plattform zur Veröffentlichung von Hausarbeiten, Abschlussarbeiten, wissenschaftlichen Aufsätzen, Dissertationen und Fachbüchern.

Besuchen Sie uns im Internet:

http://www.grin.com/

http://www.facebook.com/grincom

http://www.twitter.com/grin_com

02 Innovation Communities: Forschungsstand und Forschungstrends

Hausarbeit

Eingereicht durch: Lukas Elter

Veranstaltung: Innovation Strategy I
Semester: Winter 2010/2011

Abgabedatum: 28.02.2011

Friedrich-Alexander-Universität Erlangen-Nürnberg
Lehrstuhl für Betriebswirtschaftslehre, insbes. industrielle Informationssysteme
Lange Gasse 20, 90403 Nürnberg, www.wi1.uni-erlangen.de

Inhaltsverzeichnis

Abbildungsverzeichnis

Persönliches Vorwort

Die Bedeutung von Innovation für ein Unternehmen wurde mir persönlich in den zurückliegenden sechs Jahren sehr stark durch das Unternehmen Apple aufgezeigt. Durch die Anschaffung eines Apple Computer im Jahr 2004 entwickelte sich eine starke Affinität für dieses Unternehmen. Ein Grund dafür war, dass sich Apple schon immer von anderen Computerherstellern in der Weise abhob, indem die Stimme des Anwenders bezüglich Benutzerfreundlichkeit bei den Produkten berücksichtigt wurde. Gleichfalls galt das Unternehmen in der damaligen Zeit noch nicht als Synonym für Innovation. Ganz im Gegenteil. Das Unternehmen erholte sich gerade langsam von einer Firmenkrise der späten neunziger Jahre. In den vergangenen sechs Jahren wendete Apple das „Blatt" allerdings sukzessive, was ursächlich auf die hervorgebrachten Innovationen wie beispielsweise iPhone oder zuletzt das iPad zurückzuführen ist. Apple konnte seine Marktposition durch die Innovationen bedeutsam steigern und avancierte zu einem der profitabelsten wie auch attraktivsten Unternehmen der Welt. Zwar ist Apple kein Inbegriff für Open Innovation, jedoch lässt sich an diesem Beispiel die immense Wichtigkeit des Innovierens für Unternehmen erkennen.

1. Die Notwendigkeit von Open Innovation

Unternehmen unserer Zeit berücksichtigen bis heute in ihrer Struktur, in der Produktivität und der Wertschöpfung der Leistungserstellung sowie in anderen Bereichen das Erfahrungswissen der industriellen Arbeitsorganisation gemäß den Grundsätzen von Frederick Winslow Taylor (1913) (Reichwald & Piller, 2009, S.16-17). Die stabilen Verhältnisse auf Märkten sowie die Langlebigkeit von Produkten rechtfertigten den Erfolg und die nachhaltige Effizienz der wissenschaftlichen Betriebsführung bis Ende der siebziger Jahre. Bedeutende Erfolgsparameter dieses Ansatzes sind stabile und langfristig prognostizierbare Marktbedingungen, welche eine große Produktion von homogenen Massengütern erlaubt. Allerdings stößt dieser Ansatz in der heutigen Zeit an seine Grenzen. Produkte und Märkte entwickelten sich in den letzten vier Jahrzehnten signifikant in eine gegenläufige Richtung. Eine Ursache für diesen Wandel findet sich in der Veränderung der Absatzmärkte. Die einstige homogene Nachfrage entwickelte sich zu einer heterogenen Nachfrage. Kunden besitzen individuelle Bedürfnisse und hohe Anforderungen an Produkte. Im Zuge der voranschreitenden Globalisierung aufgrund von Informations- und Kommunikationstechnologien (IuK) und der heutigen Marktsättigung entwickelte sich ein zunehmender Wettbewerbsdruck, welcher Unternehmen auf das Eingehen der Kundenbedürfnisse und Wünsche zwingt (Reichwald & Piller, 2009, S.23- 24). Diese Tatsachen begünstigen die derzeit mächtige Stellung der Abnehmer gegenüber der unternehmerischen Seite (Reichwald & Piller, 2009, S. 26). Käufermärkte entwickelten sich also in vielen Bereichen zunehmend zu Verkäufermärkten (Picot, Reichwald, & Wigand, 2001).

Aufgrund der vorgestellten veränderten Rahmenbedingungen führt der konventionelle Weg im Rahmen von Closed-Innovation[1] neue Produkte und Dienstleistungen zu innovieren immer häufiger zu Misserfolgen. Der Lösungsraum von Unternehmen für die Entwicklung neuer Produkte ist oftmals begrenzt. Deshalb sollten Unternehmen sich nach innen und außen öffnen (Füller, 2010a). „Eine erfolgreiche Innovation ist nicht die Leistung einer einzelnen Person, sondern das Ergebnis einer Gesamtleistung" (Füller, 2010b). Dabei gilt es den Innovationsprozess möglichst effizient zu gestalten und für interne als auch externe Akteure zu öffnen. Begünstigt durch die rasante Entwicklung des Internets in den letzten zwei Jahrzehnten und insbesondere der Einführung des Web 2.0[2] wird Unternehmen Gelegenheit gegeben, sich dieser Herausforderung zu stellen. Das Modell des Crowdsourcing eröffnet Unternehmen eine grundsätzliche Methode um im Rahmen des offenen Innovationsprozesses die traditionellen Barrieren des geschlossenen Innovationsprozesses zu überwinden. Crowdsouring wurde im Jahre 2006 von einem Autor des Wired Magazine mit Namen Jeff Howe geprägt (Kleemann, Voß, & Rieder, 2008, S. 33). „Von Crowdsourcing im hier verstandenen Sinne ist dann zu sprechen, wenn Unternehmen zur Herstellung oder Nutzung eines Produktes bis dahin intern erledigte Aufgaben in Form eines offenen Aufrufes über das Internet auslagern. Ziel ist dabei, Internetuser mit geringer oder gar keiner finanziellen Entschädigung zur „Mitarbeit" zu animieren." (Kleemann, Voß, & Rieder, 2008, S. 29). Eine Möglichkeit zur Umsetzung des Crowdsourcingansatzes im Rahmen der interaktiven Wertschöpfung bietet die Implementierung bzw. Nutzung von Innovation Communities.

---

[1] Darunter wird das Innovieren innerhalb der organisationalen Grenzen verstanden.
[2] Web 2.0 ist auch unter dem Namen „Mitmachweb" bekannt.

2. Forschungsstand und Forschungstrends

2.1 Definition und Begriffsabgrenzung

Gerybadze (2003) beschreibt eine Innovation Community als „eine Gemeinschaft von gleich gesinnten Akteuren, oft aus mehreren Unternehmen und verschiedenen Institutionen, die sich aufgabenbezogen zusammenfinden und ein bestimmtes Innovationsvorhaben vorantreiben". Alternativ werden häufig auch die Begriffe „Netzwerk von Akteuren" oder „Innovationsnetzwerk" in neueren Untersuchungen synonym verwendet (S. 200). Zu berücksichtigen ist auch, dass „Innovationsnetzwerke" interorganisationale Beziehungen in den Mittelpunkt rücken, währenddessen die Forschung im Bereich Innovation Communities auf das Verhältnis zwischen Personen und Gruppen unterschiedlicher Unternehmen und Institutionen im Innovationsprozess abzielt (Fichter, 2006, S. 289). Im Gegensatz zu „R&D Communities[3]", welche sich primär auf Forschungsthemen fokussieren und Communities-of-Practice", die ihre Heimat in berufsständischen Interessen und bestimmten Arbeitsgebieten besitzen, verfolgen Innovation Communities hauptsächlich das Ziel eine Innovation zum Durchbruch zu treiben.

Der Begriff Innovation Communities umfasst in der Wissenschaft unterschiedliche Bedeutungen, der je nach Forschungskontext unterschiedlich ausgelegt wird.

Die *"Innovation Communities als Kontaktnetzwerke"* sind internetbasierte Kontaktplattformen und lose Netzwerke. Auf diesen losen Plattformen können sich Menschen, die an bestimmten Innovationsthematiken Interesse haben oder Innovationspartner suchen sich wie in klassischen Internetforen registrieren und ihre Ideen veröffentlichen. Auch die Ideen von anderen Innovatoren können gelesen, bewertet sowie diskutiert werden (Fichter, 2006, S. 289).

„Innovation Communities als virtuelle Gemeinschaft zur Ideengenerierung- und bewertung": In diesem Begriffsverständnis werden Innovation Communities als virtuelle, durch elektronische Medien gestützte Gemeinschaft zur Generierung und Bewertung von Innovationsideen und Innovationskonzepten verstanden" (Fichter, 2006, S. 289). Die Innovation Communities basieren hier auf dem von Füller, Bartl, Ernst, & Mühlbacher (2005) geprägten Konzept der „Community Based Innovation". Demnach verfügen Online Communities über ein immenses Wissen an Produkt

---

[3] R&D steht für Research & Development.

Know-how und können von Unternehmen als wertvolle Ressource für neue Ideen und die Bewertung von Innovationen instrumentalisiert werden (S. 1).

„Innovation Communities als Promotorennetzwerke" zur Unterstützung konkreter Innovationsprojekte stellen die Beziehungen und das Zusammenwirken einer Gruppe von Innovationspromotoren in den Mittelpunkt (Fichter, 2006, S. 289). Als Beispiel führt Fichter eine Kooperation von verschiedenen Unternehmen entlang der Wertschöpfungskette an, die sich zur Ausnutzung von Synergien zu einer Innovation Community zusammenschließen (Fichter, 2006, S. 292-293).

Im Kontext der Kooperationsformen mit Online Communities ordnen Füller, Jawecki, & Bartel, (2006) eine Innovation Community als permanente Plattform ein, mit deren Mitglieder die Unternehmen kontinuierlich kooperieren (S.439). Die Mitglieder übernehmen dabei eine aktive Rolle als Innovatoren und unterstützen die Entwicklungsteams durch Partizipation bei F&E[4]-Aufgaben. Die Autoren differenzieren trennscharf zwischen dem CBI-Ansatz[5], bei dem die Communitymitglieder nur einmalige Innovationsaufgaben übernehmen und Innovation Communities, welche auf Kontinuität in der Zusammenarbeit und Dialog ausgelegt sind (S.447).

Nachfolgend werden im Rahmen dieser Arbeit internetgestützte Innovation Communities betrachtet.

2.2 Typen von Innovation Communities

Aufgrund der möglichen Unterscheidung von Innovationstypen lässt sich eine Differenzierung ebenfalls auf Innovation Communities übertragen. Die Communities formieren sich dabei um bestimmte Gravitationspunkte. Darunter sind die Bereiche zu verstehen, von denen die Innovationen ihre anfänglichen Impulse erhalten.

Innovationen können z. B. durch Forschung angestoßen werden. Hier haben die Innovationen ihren Ursprung in Forschungslabors von Unternehmen wie auch Universitäten und öffentlichen Einrichtungen. In diesem Zusammenhang bilden sich *forschungsbasierte Innovation Communities* in Form von Individuen aus Forschung und Wirtschaft, welche die anfänglichen Innovationskonzepte weiterentwickeln (Fichter, 2006, S.290).

---

[4] F&E steht für Forschung & Entwicklung.
[5] CBI steht für „Community Based Innovation".

Anwenderinduzierte Innovation Communities besitzen ihren Ursprung im Markt- und Anwenderumfeld durch welches die Innovationen induziert werden. Die Anwender versuchen ihren oftmals latenten Bedarf nach neuartigen Funktionalitäten zu befriedigen und suchen im Rahmen von Innovation Communities gleichgesinnte Nutzergruppen zum Austausch und zur Realisierung ihrer Ideen (Gerybadze, 2003, S. 204). Unter anderem finden sich hier bekannte Beispiele wie die Entwicklung des Snowboards.

Als dritte Typisierung von Innovation Communities lassen sich Communities im Bereich der *Fertigung- und Logistik* feststellen. Die Automobilherstellung als Beispiel dieses Bereiches ist sehr von der Nutzung neuer Technologien geprägt und gerade dadurch entstehen immer wieder neue Impulse für Innovationen (Gerybadze, 2003, S. 204).

Auf die Beleuchtung von *systemlösungsorientierten Innovation Communities* sowie *Multitakteuers-Innovation Communities* wird im Rahmen dieser Arbeit verzichtet. Fichter (2006) führt diese jedoch als weitere Typen von Innovation Communities auf.

2.3 Charakteristika von Innovation Communities

Laut Shah (2005) sind Innovation Communities in Form von ungebundenen Teilnehmern mit normalen Interessen strukturiert. Die Communities of Innovation sind zusätzlich gekennzeichnet durch eine freiwillige Teilnahme der Mitglieder in der Community sowie einem relativ ungezwungenen Informationsfluss. Des Weiteren liegt eine hierarchische Struktur vor, die sich bedeutend von der eines konventionell organisierten Unternehmens unterscheidet. Die Koordination und Organisation einer Innovation Community ist dabei von weitaus weniger hierarchischen Strukturen durchzogen. Diese Eigenschaften der Innovation Community erlauben es den Mitgliedern völlig ungehemmt Feedback und unterschiedliche Ansichten zu Standpunkten zu äußern. Dadurch können Problemstellungen mit anderen Usern ohne Ängste und Scheu ausgetauscht werden, welche unter Umstanden das nötige intellektuelle Handwerkszeug und die Ideen besitzen, um die Anregungen lösen zu können (S. 6-7). In den Innovation Communities befinden sich sowohl Mitglieder mit außergewöhnlich guten Fertigkeiten und Ansprüchen ganz im Sinn des Lead User Ansatzes von Eric von Hippel, (1986) (S. 791). Aber auch Mitglieder mit weniger ausgeprägten Fähigkeiten tragen beispielsweise mit Verbesserungsvorschlägen zum Vorantreiben der Innovation bei (Fuller, G Jawecki, & Muhlbacher, 2007, S. 69). „Wenn Personen mit unterschiedlichen Hintergründen und Wissensständen an eine Aufgabe herangehen, führen die unterschiedlichen Blickwinkel zu Ideenreichtum und vielschichtigen Lösungen". Das „Diversity Trumps Ability Theorem" von Professor Scott E. Page der Univerity of Michigan in Ann Arbor bestätigte diese Aussage. In seinem Experiment zeigte er, dass eine zufällig ausgewählte Gruppe von durchschnittlichen Personen deutlich bessere Ergebnisse erzielt als eine homogene Gruppe von Spezialisten mit einem durchweg hohen Grad Expertise (Füller, 2010c). Aufgrund der unterschiedlichen Zusammensetzung der Mitglieder einer Innovation Community besitzen diese die nötigen Fähigkeiten eine große Anzahl von Problemstellungen zu identifizieren und auch zu lösen. Die Communities of Innovation können sich um verschiedene Problemstellungen konstituieren. Beispielsweise kann der Focus auf der Entwicklung eines Produktes liegen.

Innovation Communities können sich jedoch auch unbewusst aus einem anderen Zweck formieren. Diese Gemeinschaft von gleichgesinnten Individuen erheben dann nicht grundsätzlich den Anspruch sich dem Vorantreiben einer Innovation zu verschreiben, sondern verfolgen auch andere Intentionen. Das Hervorbringen der Innovation kann dabei eine von mehreren Funktionen sein, welcher sich die Community widmet (Shah, 2005, S. 7). Die Innovationen entstehen hier als „Abfallprodukt" beim Verrichten der eigentlichen Primäraufgabe der Gruppe (Gerybadze, 2003, S. 201). Zwei signifikante Facetten von Innovation Communities sind zum einen das Vorgehen nach einer modularen Projektarchitektur, zum anderen der offene Kommunikationsrahmen. Basierend auf der offenen Kommunikation innerhalb der Community werden Informationen und Innovationen innerhalb von kürzester Zeit einer Vielzahl von Mitgliedern zugänglich gemacht. Aufgrund dieses offenen Konzeptes führt der hohe Grad an Expertise dazu, dass Innovation Communities auch Fehlversuche in der Konzeption einer Innovation überwinden können (Shah, 2005, S. 7-8). Da Innovation Communities sich unter anderem mit komplexen Produkten und Informationen beschäftigen, werden die zu bewältigenden Innovationsvorhaben oftmals in Teilaufgaben zerlegt. Die modulare Vorgehensweise ermöglicht es der Innovation Community die komplexen Vorhaben als Teilaufgaben auf die Community zu verteilen. Dadurch können verschiedene Mitglieder mit unterschiedlichen Fertigkeiten und Fachwissen an den komplexen Aufgaben simultan und unabhängig arbeiten. Die modularisierten Teile werden nach Fertigstellung zu einem Ganzen zusammen gefügt. Aufgrund der modularisierten Vorgehensweise in der Community wird die Komplexität der zu bewältigenden Aufgaben vereinfacht und zu umsetzbaren Vorhaben herunter gebrochen (Baldwin & Clark, 2006).

2.4 Aufbau von Innovation Communities

Mit dem Ziel möglichst vielen kreative Nutzer zu minimalen Transaktionskosten zu erreichen bietet sich das Internet mit seinen Web 2.0 Funktionalitäten optimal als IuK Medium an. Unternehmen können zur Instrumentalisierung von Innovation Communities verschiedene Ansätze in Erwägung ziehen. Zum einen besteht die Möglichkeit eigene Innovation Communities aufzubauen. In diesem Zusammenhang geht die Initiative zur Bildung einer Innovation Communities vom Unternehmen selbst aus. Bei dem Aufbau einer Innovation Community sind verschiedene Aspekte zu berücksichtigen, die für das erfolgreiche Fortbestehen der Innovation Community bedeutend sind. Die Erfolgskriterien für den Aufbau der Innovation Community leiten sich dabei von denen einer populären konventionellen Online Community ab. Nach Williams, Cothrel, & Permanente (2000) ist es wichtig:

- Eine kritische Masse an Mitgliedern zu erreichen, um beispielsweise durch Verlinkungen im Web weitere potenzielle Mitglieder gewinnen zu können. Ein klar definierter Communityfokus hilft ebenfalls weitere Mitglieder in die Community anzuziehen.

- Feedback der bestehenden Mitglieder zu sammeln und zu nutzen, um Verbesserungswünsche berücksichtigen zu können und so die Attraktivität der Community zu steigern.

- Die Einführung von Online Moderatoren für die verschiedenen Diskussionsgruppen zu veranlassen. Jedoch sollten die Moderatoren möglichst zurückhalten in den Austausch der Communitymitglieder eingreifen. Überdies sollte durch die Moderatoren auf die Bedürfnisse der Mitglieder eingegangen werden wie zum Beispiel eine direkte Antwort auf eine Frage oder das Bereitstellen von Links für weiterführende Informationen.

- Die Konversation in der Community durch Stimulation der Moderatoren aufrecht zu halten.

- Ein angemessenes „Asset Management" zu betreiben. Zu den Assets der Community gehören neben der benötigten Hardware und dem Aufbau/Benutzeroberfläche der Community auch das Engagement der Mitglieder an sich. Dies gilt es durch möglichst exklusiven Service, Inhalt sowie Beziehungsmanagement zu den Mitgliedern aufrecht zu erhalten (S. 82-90).

Die Aufgaben bezüglich der Erschaffung einer Innovation Community beinhalten also sowohl technische und insbesondere soziale Aufgaben (Butler, Sproull, & Sara, 2002, S. 26).

Der Motorradhersteller DUCATI hat beispielsweise diese Kriterien erfolgreich umgesetzt und eine eigene Innovation Community aufgebaut. Die Mitglieder der DUCATI Community werden vom Unternehmen als wertvolle Ressource betrachtet und als Co-Entwickler im Innovationsprozess eingesetzt.

Wie man allerdings an den aufgeführten Erfolgskriterien sehen kann, erfordert der aktive Aufbau einer Innovation Community ein langfristiges Engagement des Unternehmens und kann nicht in einem operativen Zeitfenster umgesetzt werden.

Deshalb bietet sich Unternehmen als zweite Möglichkeit existierende Communities zu nutzen (Füller, Gregor Jawecki, & Bartel, 2006, S. 447-449). Fuller, G Jawecki, & Muhlbacher, (2007) stellten in einer Untersuchung von Basketball Communities fest, dass die Mitglieder in der Online Community aktiv über Ideen diskutieren, Lösungsansätze bereitstellen oder ihre Meinungen zu vorgestellten Ideen äußern (S. 61). Aussagen von Mitgliedern machten dabei deutlich, dass die User der Online Communities sich ihres wertvollen Wissens durchaus bewusst sind und bereitwillig ohne Entlohnung den Unternehmen zur Verfügung stellen (S. 68). Die Communities können zum einen im Rahmen des CBI-Ansatzes durch einmalig gestellte Aufgaben in den Innovationsprozess des Unternehmens eingebunden werden (Füller, Gregor Jawecki, & Bartel, 2006, S.448). Alternativ dazu besteht die Möglichkeit nach erfolgreicher Identifizierung einer potenziellen Online Community mit kreativem Nutzerpotenzial dieser eine Kontaktmöglichkeit in Form eines Links zum Unternehmen zur Verfügung zu stellen (Fuller, G Jawecki, & Muhlbacher, 2007, S. 70). Grundlegende Voraussetzung für eine Kooperation und den Ausbau einer bestehenden Online Community zu einer Innovation Community ist das nachhaltige Interesse Mitglieder an den Innovationsaufgaben sowie die Freigabe der Nutzungsrechte von evtl. entstandenen Ideen in der Community (Füller, Jawecki, & Bartel, 2006, S. 448).

Die Motivation von Mitgliedern in Innovation Communities ist unterschiedlich geleitet aufgrund der verschieden existierenden Typen von Innovation Communities. Grundsätzlich kann zwischen zwei Arten von Motivation differenziert werden.

Im Rahmen einer Untersuchung von Open Source Software Communities differenzieren Lakhani & Wolf (2003) die Motivation zur Teilnahme in interne Faktoren, d. h. Mitglieder die intrinsisch geleitet sind. Dem gegenüber wurden Mitglieder mit extrinsischer Motivation gestellt (S. 13). Unter extrinsischer Motivation werden materielle, insbesondere finanzielle Anreize verstanden. Die intrinsischen Anreize fokussieren auf soziale Komponenten wie Anerkennung, Lob oder Befriedigung aus der Arbeit an sich.

Innovation Communities (beispielsweise die erwähnte DUKATI Community oder die Online Basketball Community), welche auf Enthusiasmus, Hobbyismus bzw. Markenaffinität der Mitglieder basieren, folgen hauptsächlich intrinsischen Motiven. Monetäre Anreize zur Motivation für die Teilnahme sind zu vernachlässigen.

Im Rahmen des Geschäftsmodells von Innovation Communities, welche durch Intermediäre[6] (z.B. die Plattform innocentive.com) geführt werden und ihre Innovationsaufgaben beispielsweise gezielt durch Firmen erhalten, ist jedoch ein anderer Trend zu erkennen. In einer aktuellen Studie von Antikainen & Väätäja (2010) wurden hierzu Interviews und Befragungen von Mitgliedern verschiedener Communities durchgeführt. Die Ergebnisse zeigen zum einen, dass Experten in solchen Communities sich aus Spaß und der Herausforderung der Aufgabe an sich beteiligen. Die monetären Anreizmechanismen in dieser Form von Innovation Communities spielen jedoch auch eine Rolle, wenn auch nicht die wichtigste. Monetäre Anreize zur Motivation der Mitglieder haben laut den Ergebnissen der Interviews durchaus ihre Daseinsberechtigung. Interessant ist in diesem Zusammenhang, dass bereits im Jahr 1971 der Forscher Deci entgegen den Forschungsergebnissen von Antikainen & Väätaja in einer Studie herausfand, dass monetäre Anreize sich grundsätzlich negativ auf die intrinsische Motivation auswirken. Hingegen erhöhen Lob und Feedback grundsätzlich die intrinsische Motivation (S.114). Antikainen & Väätäja (2010) kommen bei ihrer Studie zu dem Ergebnis, dass sowohl die monetäre Komponente

---

[6] Intermediäre sind hier als vermittelnde Akteure zwischen den auftraggebenden Unternehmen und den User der Community zu verstehen.

als auch Anerkennung für Ideen als intrinsische Motivation wichtig für die Mitglieder dieser Form von Innovations Communities sind.

Die Autoren weisen darauf hin, dass die Forschung in diesem Bereich noch an ihren Anfängen steht. In diesem Zusammenhang sollten länger existierende intermediärsgestützte Innovation Communities mit unterschiedlichen Geschäftsmodellen untersucht werden. Zukünftige Forschungsfragen sollten auf ein tieferes Verständnis bezüglich der Faktoren für Partizipation sowie auf die von den Mitgliedern unterschiedlich honorierten Bemühungen zur Anerkennung und Bestätigung von Seiten der Intermediäre ausgelegt werden.

2.6 Gruppendynamik und Kommunikation

Innovation Communities entwickeln erst im Laufe ihres Fortbestehens Regeln und einen gemeinsamen Ordnungsrahmen. Die klaren Strukturen sind nicht von Anfang an in der Community vorhanden. Signifikant ist, dass sich Gruppemitglieder oftmals von Nichtmitgliedern der Gruppe abgrenzen. Im Innenverhältnis der Gruppe kann es zu Widerständen der einzelnen Mitglieder kommen. Im Außenverhältnis hingegen tritt die Gruppe als Ganzes auf (Gerybadze, 2003, S. 205-206).

Die Kommunikation in Innovation Communities kann in drei Ebenen eingeteilt werden, welche in wechselseitiger Beziehung stehen. Nachfolgende Graphik unterteilt die drei Interaktionsebenen.

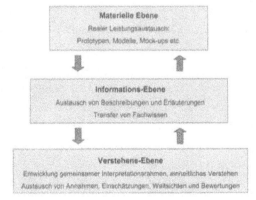

Abbildung 1: Interaktionsebenen in Innovation Communities auf Basis von Gerybadze 2003, S. 154

(Fichter, 2006, S. 295)

Fundament der Ebenen bildet die Verstehens-Ebene. Innerhalb dieser Ebene wird ein gemeinsamer Interpretationsrahmen geschaffen, der garantiert, dass die Fakten auf den beiden darüber liegenden Ebenen sinnvoll miteinander verknüpft und eingeordnet werden können. Die Mitglieder einer Innovation Community bilden auf dieser Ebene also einen „gemeinsamen Nenner". Auf Basis dieses „gemeinsamen Nenners" werden auf der darüber liegenden Informationsebene wichtige Beschreibungen, Details zur voranzutreibenden Innovation ausgetauscht. Die dritte Ebene bildet die materielle Ebene auf der ein realer Leistungsaustausch stattfindet. Beispielsweise treffen sich hier Mitglieder auch um gemeinsam eine Sportart auszuüben. Dies könnte in der vorgestellten Online Basketball Community der Fall sein.

Einschränkend muss an der Stelle darauf hingewiesen werden, dass im Rahmen der betrachteten internetgestützten Innovation Communities der reale Leistungsaustausch nicht immer stattfindet. Unter Umständen findet hier nur ein von der materiellen Ebene losgelöster Informationsaustausch via Internet zwischen den Mitgliedern statt (Gerybadze, 2003, S. 207-208).

2.7 Implikationen für die Praxis

Innovation Communities erfordern ein besonderes zeitliches Engagement von Unternehmen. Es gilt das Management des Unternehmens für diese Tatsache zu sensibilisieren (Gerybadze, 2003, S. 210). Die Mitglieder von Innovation Communities müssen als Teil des Unternehmens gesehen werden und sollten insbesondere mit der F&E Abteilung Hand in Hand arbeiten. Die Leistung der Unternehmen besteht darin die Impulse und Lösungen von Innovation Communities in die bestehenden Strukturen der F&E Abteilungen erfolgreich einbetten können. Das Management sollte F&E Abteilungen nicht isoliert im Hinblick auf das Hervorbringen von Innovationen bewerten, sondern daran wie gut mit den Mitgliedern der Innovation Community kooperiert und gemeinsam an neuen Lösungen gearbeitet wird. Zur Betreuung der Innovation Community bzw. zur nachhaltigen Aufrechterhaltung der Relationen zwischen Community und Unternehmen eignen sich Mitarbeiter, welche selbst ein besonderes Interesse an der Thematik aufweisen (Füller, Gregor Jawecki, & Bartel, 2006, S. 451). Effektive Interaktion mit Innovation Communities erfordert wie in Abschnitt 2.4 dargelegt spezielles Wissen und Fähigkeiten von Unternehmen, welches unter Umständen nicht vorhanden ist oder bewusst nicht aufgebracht werden möchte (Fuller, G Jawecki, & Muhlbacher, 2007, S.70). In diesem Fall müssen Unternehmen jedoch nicht auf die Vorteile einer Kooperation mit Innovation Communities verzichten, sondern können auf sogenannte „knowledge broker" zurückgreifen (Sawhney, Prandelli, & Verona, 2003, S. 78). Diese sind auf die erfolgreiche Kommunikation und Integration zwischen Unternehmen und Innovation Communities spezialisiert. Ein Beispiel für ein Unternehmen, welches in dieser Funktion eine Tätigkeit ausübt, ist die im Rahmen eines Gastvortrags präsentierte HYVE AG (Füller, Gregor Jawecki, & Bartel, 2006, S. 451).

3. Zusammenfassung und Fazit

Der Wandel der marktwirtschaftlichen Rahmenbedingungen zwingt Unternehmen den Innovationsprozess zu öffnen. Dabei stellt das Internet mit seinen Web 2.0 Funktionalitäten ein wesentliches Instrumentarium für Unternehmen zur Umsetzung des Einbezugs von Kunden in den Innovationsprozess dar. Eine Möglichkeit zur Realisierung dieses Vorhabens bietet die Nutzung von Innovation Communities. Diese Communities können sich aufgrund verschiedener Impulse bilden und unterschiedlich typisiert werden. In den betrachteten Online Innovation Communities finden sich die Mitglieder ungezwungen zusammen. Der offene Kommunikationsrahmen sowie die Modularisierung der Aufgaben in der Community bilden die Erfolgsbasis für die Umsetzung von Innovationsvorhaben. Für Unternehmen eröffnen sich zwei verschiedene Möglichkeiten mit Innovation Communities zu interagieren. Zum einen können von Unternehmen selbst Communities aufgebaut werden. Allerdings erfordert dies ein entsprechendes Fachwissen und Engagement des Unternehmens. Alternativ besteht die Möglichkeit bestehende Communities zu Innovation Communities auszubauen. Die Mitglieder in der Community sind je nach Typisierung entweder intrinsisch oder bei intermediären Innovation Communities aus einer Kombination aus intrinsischen und extrinsischen Faktoren motiviert. Unternehmen sollten sich bewusst sein, dass die Kooperation mit Innovation Communities ihnen ein besonderes Engagement abverlangt. Abgesehen von dem zeitlichen Aspekt ist auch ein Umdenken erforderlich um den Kunden bzw. das Mitglied der Community als aktiven Partner im Innovationsprozess zu sehen.

Hindernisse, die bei all dem Potenzial der Innovation Communities auftreten könnten, liegen zum einen darin, dass die Unternehmensführung durch die Offenlegung von Innovationsvorhaben in Communities eine mögliche Bedrohung durch Eingriffe konkurrierender Unternehmen sehen könnte. Zum anderen ist das Management eines

15

Unternehmens vielleicht auch gar nicht dazu bereit oder in der Lage, neben dem konventionellen F&E Budget ein zusätzliches finanzielles Engagement aufzubringen.

Literaturverzeichnis

Antikainen, M., & Väätäja, H. (2010). Rewarding in open innovation communities –
How to motivate members? *International Journal of Entrepreneurship and Innovation Management, 11*(4), 440-456.

Baldwin, C., & Clark, K. (2006). Modularity in the Design of Complex Engineering
System. In D. Braha, A. Minai, & B.-Y. Yaneer (Eds.), *Understanding Complex
Systems*. Springer Berlin / Heidelberg.

Butler, B., Sproull, L., & Sara, K. (2002). Community Effort in Online Groups: Who
Does the Work an Why? In S. Weisband & L. Atwater (Eds.), *Leadership at a
distance* (p. 32). Erlbaum.

Deci, E. (1971). Effetcts of externally mediated rewards on intrinsic motivation.
Journal of Personality and Social Psychology, 18(1), 105-115.

Fichter, K. (2006). Innovation Communities : Die Rolle von Promotorennetzwerken
bei Nachhaltigkeitsinnovationen. In R. Pfriem, R. Antes, K. Fichter, M. Müller,
N. Paech, S. Seuring, et al. (Eds.), *Innovationen für eine nachhaltige Entwicklung* (pp. 287-300). DUV.

Fuller, J., Jawecki, G, & Muhlbacher, H. (2007). Innovation creation by online basketball communities☆. *Journal of Business Research, 60*(1), 60-71. doi:
10.1016/j.jbusres.2006.09.019.

Füller, J. (2010a). Wie Innovations-Management 2.0 funktioniert. *23.02.2010*. Retrieved January 12, 2011, from
http://www.harvardbusinessmanager.de/blogs/artikel/a-678175.html.

Füller, J. (2010b). Wie Innovations-Management 2.0 funktioniert. 4. Teil: Im Dialog
mit Mitarbeitern und Kunden. *23.02.2010*. Retrieved January 12, 2011, from
http://www.harvardbusinessmanager.de/blogs/artikel/a-678175-4.html.

Füller, J. (2010c). Wie Innovations-Management 2.0 funktioniert. Einbindung aller
Mitarbeiter. *23.02.2010*. Retrieved January 12, 2011, from
http://www.harvardbusinessmanager.de/blogs/artikel/a-678175-2.html.

Füller, J., Bartl, M., Ernst, H., & Mühlbacher, H. (2005). Community based innovation: How to integrate members of virtual communities into new product development. *Electronic Commerce Research, 5*(4), 57-73. doi: 10.1007/s10660-
006-5988-7.

Füller, J., Jawecki, Gregor, & Bartel, M. (2006). Produkt- und Serviceentwicklung in
Kooperation mit Online Communities. In H. Hinterhuber & K. Matzler (Eds.),
Kundenorientierte Unternehmensführung (pp. 435-454). Gabler.

Gerybadze. (2003). Gruppendynamik und Verstehen in Innovation Communities. In
C. Herstatt & B. Verwor (Eds.), *Management der frühen Innovationphasen* (pp.
199-213). Wiesbaden: Gabler.

Hippel, E. von. (1986). Lead Users: A Source of Novel Product Concepts. *Management Science, 32*(7), 791-805. doi: 10.1287/mnsc.32.7.791.

Kleemann, F., Voß, G., & Rieder, K. (2008). Arbeits- und Industriesoziologische
Studien. *Mai 2008, 1*(Heft 1), 29-44.

Lakhani, K., & Wolf, R. G. (2003). Why Hackers Do What They Do: Understanding
Motivation and Effort in Free/Open Source Software Projects. (J. Feller, B.
Fitzgerald, S. Hissam, & K. R. Lakhani, Eds.)*Social Science Research Network*,
1-27. The MIT Press. doi: 10.2139/ssrn.443040.

Picot, A., Reichwald, R., & Wigand, R. (2001). *Die grenzenlose Unternehmung.
Information, Organisation und Management. Die grenzenlose Unternehmung,
Infromation, Organisation und Management* (4th ed., p. 634). Gabler Verlag.

Reichwald, R., & Piller, F. (2009). *Interaktive Wertschöpfung* (2nd ed., p. 375).
Wiesbaden: Gabler Verlag.

Sawhney, M., Prandelli, E., & Verona, G. (2003). The Power of Innomediation. *MIT
Sloan Management Review, 44*(2), 77-82.

Shah, S. K. (2005). Open Beyond Software. In D. Cooper, C. DiBona, & M. Stone
(Eds.), *Open Source 2.0: The Continuing Evolution* (pp. 339-360). Sebastopol,
CA: O´Reilly Media.

Williams, R. L., Cothrel, J., & Permanente, K. (2000). Four Smart Ways To Run
Online Communities. *Sloan Management Review, 41*(4), 81-91.